ACCIÓN Y REACCIÓN

Swami Dayananda Saraswati
Arsha Vidya

Fundación Arsha Vidya
Buenos Aires, Argentina

Saraswati, Swami Dayananda
    Acción y reacción / Swami Dayananda Saraswati. - 1a ed . - Buenos
Aires : Fundación Arsha Vidya, 2016.
    50 p. ; 21 x 15 cm. - (Momentos con uno mismo ; 1)

    Traducción de: Federico Oliveri.
    ISBN 978-987-29424-3-4

    1. Filosofía Oriental. 2. Hinduísmo. 3. Espiritualidad Oriental. I.
Oliveri, Federico, trad. II. Título.
    CDD 181.4

Publicación en español de la
Fundación Arsha Vidya
J. Salguero 2225, piso 3
1425 Buenos Aires
ARGENTINA
Teléfono: +5411 4826 5767
E-mail: fundacionarshavidya@gmail.com
http://www.fundacionarshavidya.org.ar

1ª edición en español: Abril 2016. Copias: 100

Diseño gráfico y maquetación: Federico Oliveri

Impresión: Gráfica Laiglón, Paso 769 - CABA, Argentina
E-mail: grafica.ariel@gmail.com

Índice

LA VIDA ES ASUMIR ROLES

La vida implica relación · 5

El factor invariable · 7

Los roles no pueden evitarse · 12

Cuando el actor se vuelve el rol · 15

Los roles traen desafíos · 17

LA PERSONA Y LA PERSONALIDAD

Puruṣa y *prakṛti* · 20

La reacción es un evento que ocurre · 22

Interpretar roles es *karma-yoga* · 24

Las reacciones crean la personalidad · 27

LA PERSONA ES LIBRE

Conoce la persona libre de la personalidad · 31

La personalidad es falsa · 32

La meditación es una cita con el ser · 34

MEDITACIÓN · 37

Clave para la transliteración y pronunciación
de las letras del sánscrito

Como el idioma sánscrito es muy fonético, la exactitud en la articulación de las letras es importante. Para aquellos no familiarizados con los caracteres *devanāgari*, la transliteración internacional es una guía para la pronunciación adecuada de las letras del sánscrito.

अ	*a*	(cas*a*)		ट	*ṭa*	(tar*ṭ*a)*3
आ	*ā*	(c*a*sa)		ठ	*ṭha*	aspirado*3
इ	*i*	(pat*io*)		ड	*ḍa*	(*d*ar)*3
ई	*ī*	(r*ío*)		ढ	*ḍha*	aspirado*3
उ	*u*	(s*u*po)		ण	*ṇa*	(ro*n*ronear)*3
ऊ	*ū*	(men*ú*)		त	*ta*	(cin*t*a)*4
ऋ	*ṛ*	(cén*tr*ico)		थ	*tha*	aspirado*4
ॠ	*ṝ*	(co*rr*iente)		द	*da*	(an*d*a)*4
ऌ	*ḷ*	(a*l*rededor)*		ध	*dha*	aspirado*4
ए	*e*	(m*e*sa)		न	*na*	(*n*ada) 4
ऐ	*ai*	(c*ai*ga)		प	*pa*	(pa*p*a) 5
ओ	*o*	(l*o*bo)		फ	*pha*	aspirado*5
औ	*au*	(*au*n)		ब	*ba*	(em*b*alar) 5
क	*ka*	(va*c*a) 1		भ	*bha*	aspirado*5
ख	*kha*	(*k*iosco)*1		म	*ma*	(*m*amá) 5
ग	*ga*	(tortu*g*a) 1		य	*ya*	(h*i*ato)
घ	*gha*	aspirado*1		र	*ra*	(pe*r*a)
ङ	*ṅa*	(ta*n*go) 1		ल	*la*	(fi*l*a)
च	*ca*	(fe*ch*a) 2		व	*va*	(*W*alter)*
छ	*cha*	(*ch*ao)*2		श	*śa*	(¡s*s*hhh!)*
ज	*ja*	(ad*y*acente)*2		ष	*ṣa*	(¡s*s*hhh!)*3
झ	*jha*	aspirado*2		स	*sa*	(ta*s*a)
ञ	*ña*	(pi*ñ*a) 2		ह	*ha*	(hi*j*a)

ं	*ṁ*	*anusvāra*	(nasalización de la vocal anterior)
ः	*ḥ*	*visarga*	(aspiración de la vocal anterior)

* No hay equivalentes exactos en español para estas letras. Un "aspirado" se pronuncia como la consonante anterior aspirada.

1. Gutural – Se pronuncia desde la garganta.
2. Palatal – Se pronuncia desde el paladar.
3. Lingual – La lengua se curva hacia el cerebro.
4. Dental – Se pronuncia desde los dientes.
5. Labial – Se pronuncia desde los labios.

La 5ta letra de cada una de las categorías de arriba se llama "nasal" y se pronuncia nasalmente.

LA VIDA ES ASUMIR ROLES

La acción y la reacción, como sabemos por la física, son a la vez equivalentes y opuestas. No puedes frotar algo sin ser frotado en el proceso. Sin embargo, estoy considerando estas dos palabras con referencia a tu respuesta al mundo.

LA VIDA IMPLICA RELACIÓN

No puedes evitar relacionarte ni responder al mundo, te guste o no. Debes relacionarte necesariamente con el mundo para vivir tu vida, pero no precisas relacionarte con el mundo para estar vivo. Cuando estás en sueño profundo, estás vivo, pero no te relacionas con el mundo; de hecho, para ti no hay mundo. No hay ninguna relación, no hay recuerdos, no hay problemas que te preocupen. Solo estás vivo, meramente existes. Puedes existir sin relacionarte con el mundo incluso en estado de coma. Con los equipamientos médicos actuales, es posible mantener viva a una persona en estado de coma durante años. Sin embargo, eso no es vivir. Para vivir tu vida precisas relacionarte con el mundo.

Toda relación implica dos factores: uno eres tú, la persona que se relaciona, y el otro es aquel o aquello con lo que te relacionas. De estos dos factores, uno es variable, aquello con lo que te relacionas. La situación con la que estás relacionado cambia todo el tiempo, y el cambio puede ser total. En un momento ves fuego y al otro ves un arroyo: dos cosas completamente diferentes en la naturaleza. Estás con tu padre y al momento siguiente con tu hijo. El objeto ha cambiado por completo, el hijo ha reemplazado al padre. En términos de las percepciones sensoriales, forma, olor, sonido, tacto o gusto, los objetos que percibes cambian constantemente. De este modo, el mundo que confrontas sigue cambiando mientras que tú, el que confronta al mundo, eres invariable. La persona que ve una forma es la misma que oye un sonido. El que ha visto y oído es el que ahora está hablando con alguien. Entonces, la persona, *tú*, sigue siendo la misma, mientras los objetos cambian. Por lo tanto, podemos decir que, de los dos factores que intervienen en la relación, uno es variable y el otro, el que confronta, es invariable. Tú eres la misma persona tanto si te relacionas con tu padre o con tu hijo, con tu tío o esposo, con tus amigos o enemigos, con tu empleador o empleado. Eres el mismo si ves o escuchas, si caminas o hablas, si cantas o hueles.

Esto es cierto incluso desde el punto de vista de las actividades mentales: el que duda es el que decide; el que ama es el que odia; el que es amable es el que es cruel. La persona es invariable y ese eres tú.

EL FACTOR INVARIABLE

Debemos indagar en el tú, que es invariable. ¿Es totalmente invariable? No podemos afirmarlo, porque parece que hay un estado variable incluso para el sujeto, la persona que se relaciona, de acuerdo con lo que -o quien- se relaciona. Cuando te relacionas con tu padre, ya sea mental o perceptualmente, eres un hijo. Cuando te relacionas con tu hijo, ya no eres la persona anterior, el hijo: ahora eres un padre. Experimentas un cambio. El sujeto *yo* que era un hijo mientras se relacionaba con el padre, ha cambiado para convertirse en un padre mientras se relaciona con el hijo. La persona *yo* está ahí, pero tiene un estatus diferente ahora. Para una hermana, el *yo* es un hermano; para una esposa, el *yo* es un esposo; para un estudiante el *yo* es un maestro y para un maestro el *yo* es un estudiante. Por lo tanto, debido a la relación, el *yo* también experimenta cambios.

El cambio en el *yo* no es total, como es el caso de los objetos con los que el *yo* se relaciona. El objeto puede ser una forma percibida con anterioridad, que es reemplazada por completo por un sonido que es oído en este momento. El objeto puede ser un amigo que es reemplazado por completo por otra persona que es todo lo contrario: un desconocido. Algunos me gustan y otros no me gustan. Por consiguiente, el cambio en el objeto es total aunque el sujeto *yo* no es reemplazado por completo. Si lo fuera, no habría continuidad alguna. El *yo*-padre es reemplazado por el *yo*-hijo, pero el *yo* no es reemplazado por completo. Si lo fuera no habría ni padre ni hijo, porque el que se ha relacionado con el hijo habría desaparecido, y alguien nuevo que ha aparecido en su lugar no podría tener una relación con el padre. Si en el sujeto no hubiera un factor invariable, no habría ningún hilo para conectar las experiencias. Por lo tanto, el sujeto experimenta un cambio en relación con el objeto, pero el cambio no es total, es incidental y parcial.

El cambio parcial en el sujeto *yo* no parece dejar ningún rastro en el *yo*. Imagina que, mientras estás hablando con tu hermana, llega tu esposa y comienzas a hablar con ella. En relación con tu esposa, el hermano desaparece por completo y el esposo toma su lugar. Estás allí por completo, recuerda, porque el que era el hermano es el mismo que ahora es el esposo. Al mismo tiempo, el rol anterior no deja rastro sobre ti, el sujeto. Por lo tanto, eres capaz de asumir enteramente un nuevo rol sin experimentar un cambio. Esto revela una gran realidad de la vida: la capacidad asombrosa de experimentar un cambio cuando te relacionas con algo, sin cambiar intrínsecamente. Esta capacidad es la que hace que tu vida esté impregnada de frescura y libertad. Si no reconoces este hecho del todo, es una gran tragedia y la vida se vuelve muy triste.

El factor invariable *yo* experimenta un cambio aparente con referencia a una situación particular. Cuando entras en contacto con un objeto que te gusta te vuelves un "gustador". Al momento siguiente, si entras en contacto con un objeto que te disgusta, inmediatamente te vuelves un "disgustador". En ambas situaciones el *yo* está muy presente. Este *yo* es invariable y no es, por tanto, ni un "gustador" ni un "disgustador". ¿No es cierto? Si sabes que es cierto, has hecho que tu vida tenga sentido.

Si en todas las situaciones está la presencia del *yo* experimentando cambios aparentes, podemos observarlas como a un actor que asume diferentes roles. Supongamos que en una obra de teatro hay un actor (A) que asume el rol de un mendigo (B), quien también es el héroe de la obra. Naturalmente, se le paga mucho dinero por el rol de mendigo, porque interpreta muy bien el rol después de haber estudiado los gestos y modos de mendigar de muchos mendigos en las calles. Además, la obra tiene música de fondo que enfatiza las emociones del mendigo, música que un verdadero mendigo en la calle no tiene. Por lo tanto, A es un mendigo muy eficaz en el escenario. La gente lo insulta, lo escupe, pero él lo acepta todo con calma y sin protestar. Algunos le dan limosna que él recibe con una sonrisa. A veces llora; es un gran actor, capaz de llorar lágrimas verdaderas casi a voluntad. Pasa por diversas experiencias, agradables y dolorosas, dichosas y trágicas. Por favor, dime si estas experiencias afectan al actor A. ¿Es afectado por los problemas del rol B? No. Incluso mientras derrama lágrimas, él es consciente de que está interpretando un rol. En su interior, sin embargo, es feliz porque está actuando su rol muy bien. Esto es posible porque no se pierde a sí mismo en el rol, es consciente de sí mismo.

Supongamos, en cambio, que el actor se deja llevar por el rol y cree que es un mendigo real: entonces ya no estaría actuando, estaría reaccionando. También hay un villano en la obra y los dos personajes se encuentran. El villano golpea al mendigo, y según el guion, se espera que este no tome represalias. Sin embargo, el mendigo se olvida de su rol, contraataca y golpea al villano.

No se esperaba que castigara al villano, no estaba acordado en el guion. Baja el telón y la obra se detiene. Cuando el director le pide explicaciones al actor, el mendigo dice: "Le pegué porque me pegó. ¿Cómo me va a pegar?". Su represalia es una reacción, algo pasó en su interior. En ese momento, se olvidó de que era un actor interpretando un rol. Normalmente, los problemas del rol se limitan al rol, no afectan al actor. El señor A, el actor, no se somete a los problemas de B. Esto significa que hay una distancia entre B y A, que es por lo que los problemas de B no afectan a A. ¿La distancia entre ambos es física? No. La nariz de B es la nariz de A, los ojos de B son los ojos de A, el cuerpo de B es el cuerpo de A y la mente de la B es la mente de A. B no tiene un estatus propio. No tiene existencia por su cuenta. B no disfruta de un *yo* por sí mismo. B no tiene un *ātman* por sí mismo, por lo tanto B es A. ¿Significa que los problemas de B son los de A? Esto podría ser cierto solo si B fuera A y A fuera B. Los problemas de uno se convertirían en los problemas del otro. Sin embargo, aquí el rol B es A, pero A no es B.

El hecho de que A no sea B entra en juego no solo cuando el rol B es dejado de lado, sino que A no es B ni siquiera mientras interpreta el rol B. Debes entender esto claramente. Esto se denomina *jñāna*, conocimiento. El actor A no tiene por qué renunciar al rol B para ser A; esto sucede en el sueño profundo y en el coma, pero no en la vida real. La vida se caracteriza por las relaciones. Si A no fuera B, ¿por qué habría de ser necesario renunciar a B con el fin de asumir a A? De hecho, A debe ser capaz de ir de B a C, de C a D y así sucesivamente, y seguir siendo A mientras lo lleva a cabo.

Puedes entender claramente que aunque B es A, A no es B. A no se ve afectado por los problemas de B, porque A es consciente del hecho de que él es A interpretando B. No pierde conciencia de sí mismo, ni siquiera mientras está totalmente identificado con el rol. Cuando A interpreta el rol conservando su propia identidad con claridad, solo hay acción, no reacción.

LOS ROLES NO PUEDEN EVITARSE

Mientras que el rol B depende enteramente del actor A, A no depende de B[1]. Esto no es un hecho

---

[1] Comparar con *Bhagavad Gītā* 9.4: *matsthāni sarvabhūtāni na cāham teṣvavasthitaḥ*, Todos los seres dependen de mi, pero yo no dependo de ellos.

corriente. Todo el mundo debe saberlo, porque cuando eres un actor, tienes que ser lo suficientemente disciplinado para no dejarte llevar por un rol en una situación dada. Cuando el actor no puede manejar el rol que se le da para que interprete, se le puede decir que deje de hacerlo. Sin embargo, ¿es posible que tú y yo evitemos los roles?

En la vida real, los roles aparecen en ti incluso sin tu conocimiento. Cuando nace un niño, su padre dice: "Ha nacido un hijo". El hermano dice: "Ha nacido un hermano". Otros pueden decir: "Ha nacido un nieto", "Ha nacido un primo", y así según cada caso. Un demógrafo dirá: "Nuestra población ha aumentado en un miembro". Antes de saber nada, ya estás relacionado. El nacimiento en sí es una relación. Se nace relacionado y vives relacionado; esto quiere decir que debes interpretar roles.

Incluso interpretas un rol al utilizar los sentidos. Cuando ves, eres un vidente. Sin embargo, ¿tiene el *yo* el atributo intrínseco de ver? Si fuera así, deberías estar viendo todo el tiempo. La verdad, sin embargo, es que a veces eres un vidente, oyente, pensador, andador, comedor, etcétera. El *yo* sigue siendo el mismo. El *yo* asume los roles de vidente, de oyente, etc., pero no eres ninguno de ellos. Por lo tanto, el Señor *Kṛṣṇa* dice en la *Bhagavad Gītā*[2]: "En la ciudad de las nueve puertas, descansa feliz, ni haciendo, ni haciendo que nadie haga".

El sabio realiza acciones sin realizarlas porque hay una distancia entre el rol y el actor. No es una distancia física, la distancia es conocimiento. El hombre sabio conoce la verdadera identidad del *yo* y es consciente del hecho de que está interpretando un rol en el escenario.

Mi situación, por lo tanto, es muy clara. Cada estado incidental que tengo es un rol y el *yo* es siempre invariable en todos ellos. La persona que tiene identidad de sí misma comprende que los roles no son intrínsecos al ser. No es posible ver sin *yo*, pero el *yo* no es solo un vidente. Esto es un hecho. Si esto es así, mi vida entera se vuelve asumir roles. Ni tú ni yo ni nadie puede evitar interpretar roles. Ya que no puedo evitar hacerlo, no tengo otra opción que conocer a la persona que los interpreta. No tengo opción en cuanto a interpretar los roles, ni tengo la opción de comprenderme a mí mismo tal como soy, porque si no conozco al *yo* que interpreta el rol, entonces me convierto en los roles. Mi vida entera se vuelve una tragedia.

---

[2] *navadvāre pure dehī naiva kurvanna kārayan* (5.13).

Al interpretar el rol de un padre, si soy consciente del hecho de que estoy interpretando un rol, entonces el padre simplemente se vuelve un rol. No necesito recordarme a mí mismo mi identidad, que no soy el rol, porque el conocimiento del actor siempre está ahí en segundo plano. No debo recordarme a mí mismo deliberadamente. Por lo tanto, cuando interpreto el rol de un padre en mi vida, sé que estoy interpretando un rol de acuerdo con el guion y al máximo de mi conocimiento y capacidad. Sin embargo, nadie tiene todo el conocimiento y toda la capacidad, por lo que a veces puedo hacer cosas que no son correctas, que pueden no funcionar, pero esto es aceptable. Lo que es importante es que sé que estoy interpretando un rol, y que no me vuelvo el rol.

CUANDO EL ACTOR SE VUELVE EL ROL

Lamentablemente, en nuestra educación no hay ocasión de conocer el yo, la persona que interpreta el rol. Desde nuestro nacimiento interpretamos roles, como hijo, padre, madre, esposo, etcétera. Sin embargo, no hay ocasión en que realmente podamos vernos a nosotros mismos. Despojados de todos los roles, no conocemos al *yo* que los interpreta. Sin embargo, estamos llamados a interpretar roles.

Cuando no conocemos a la persona que interpreta el rol, el rol se vuelve la persona. Por lo tanto, cuando uno interpreta el rol de padre sin conocer al *yo*, el rol se vuelve real; uno se vuelve el padre.

Observemos a un padre cuyo hijo crece a su modo. El padre hizo lo mejor que pudo para educar al hijo. Mientras estuvo en la escuela, parecía que iba a cumplir con las expectativas y los deseos del padre. El padre había abrigado la esperanza de que su hijo se convirtiera en un científico. Sin embargo, tan pronto como el hijo fue a la universidad, cambió. Ahora todo lo que hace es dar vueltas en una moto sin silenciador, vistiendo pantalones vaqueros y una camisa desabrochada. El padre está tan decepcionado que cada vez que piensa en su hijo su presión arterial sube. La razón es que el padre piensa que él es padre, un verdadero padre de la vida. El padre en él perdura incluso mientras habla con su esposa y en su trabajo. Todo el día sigue siendo un padre enojado y un esposo enojado porque no puede quitarse a su hijo de la mente. El padre ya no es un rol. El rol y la persona se han fusionado; se han convertido en uno. Sin embargo, lo que tenemos en realidad es una persona, no un padre o un esposo. El hombre es un esposo solo en relación a esta mujer. Del mismo modo, la mujer es una esposa solo en relación a este hombre.

En el mundo no hay una esposa o esposo, hijo o hermano reales. Solo hay personas que interpretan diferentes roles en relación a diferentes situaciones. Cuando no se conoce este hecho, los roles se vuelven la persona. Los problemas del rol se vuelven los problemas de la persona. Si el rol de un padre se vuelve un problema, todos los demás roles también se vuelven un problema. Al conducir un automóvil, por ejemplo, la persona se vuelve un manojo de nervios porque no es consciente de que ser conductor es un rol.

LOS ROLES TRAEN DESAFÍOS

Cualquier rol que interpreto se vuelve un problema, ya que no hay roles o situaciones sin problemas. Si tengo una nariz, me voy a resfriar. No puedo vivir libre de desafíos y problemas una vida que está relacionada a situaciones. De hecho, la vida misma es una obra dramática porque cada rol tiene una serie de situaciones cambiantes. Todo parece ser color de rosa, púrpura y muy hermoso cuando de repente, de golpe, todo cambia. Hay truenos y relámpagos, las nubes estallan y todo se baña en lágrimas. Como cambia la situación, también lo hacen las nubes y las lágrimas, dando paso al sol y las estrellas. De este modo, las situaciones de la vida cambian constantemente.

Ningún rol irá viento en popa. De hecho, no es divertido navegar siempre en aguas tranquilas. Navegar es una aventura emocionante porque hay vientos, a veces favorables y otras veces no. Las olas no siempre son propicias. En esos momentos, será un desafío dirigir nuestro barco en una dirección en particular. Son los desafíos los que hacen que la vida sea interesante.

Imagina una película sin trama, sin emoción. Sería insípida. Del mismo modo, uno no puede imaginarse el rol de un padre o una madre, de un tío o un primo, de un empleador o un empleado sin desafíos. Uno no puede imaginarse ser un pensador sin una pregunta difícil que requiera una solución. Uno no puede imaginar un problema económico sin plantear desafíos, o un conductor sin un problema de tráfico. Ni siquiera puede imaginarse ser un caminante sin la posibilidad de perder el paso. Esto es lo divertido de interpretar roles. Una obra dramática solo lo es cuando tiene este patrón de tramas que cambian todo el tiempo. Por lo tanto, si uno tiene que interpretar roles, debe aprender a estar familiarizado con uno mismo, con la persona que interpreta el rol, que está libre de los roles y que está al margen de los roles.

LA PERSONA Y LA PERSONALIDAD

PURUṢA Y PRAKṚTI

En sánscrito, la persona se llama *puruṣa*[3]. Es el *puruṣa* quien interpreta diferentes roles como vidente, oyente, pensador y demás. El *puruṣa* está dotado de una facultad triple llama *prakṛti* que consiste en la mente, los órganos de percepción, la fuerza vital, los órganos de la acción y el cuerpo físico. *Puruṣa* y *prakṛti* no son realmente dos entidades diferentes. *Prakṛti* no tiene un estatus independiente, es *puruṣa* quien es independiente. *Prakṛti* tiene poderes triples: *jñāna-śakti*, el poder de saber, que incluye la memoria; *icchā-śakti*, el poder de voluntad que incluye el deseo, la duda, las emociones; y *kriyā-śakti*, el poder de actuar incluyendo habilidad, poder creativo y otras facultades.

Presidiendo la *prakṛti*, el *puruṣa* disfruta de este poder triple. El poder de saber nos permite juntar conocimiento en la medida de nuestra capacidad. Con el poder de deseo, de hecho un gran poder, podemos

---

[3] *puri śayanāt puruṣaḥ,* aquel que mora en la ciudad (cuerpo) se llama *puruṣaḥ.*

albergar cualquier número de deseos, mientras que el poder de actuar nos ayuda a cumplir estos deseos. La interpretación de roles, como conocedor, deseador y hacedor, está involucrada en el empleo de estos poderes. Sin embargo, estas funciones pertenecen a *prakṛti*, mientras que el *puruṣa* permanece independiente de ellos. Una persona tiene un rol que desempeñar en la vida, por lo tanto debe considerar los roles como roles y la persona como persona. Un rol se vuelve un rol solo cuando la persona es comprendida con claridad. Esto se llama discernimiento, *viveka-jñāna*, un conocimiento que viene con el estudio de los *śāstra*s. Sin esta comprensión clara de la naturaleza de *puruṣa*, los roles se vuelven reales y la persona es olvidada. Cuando A se vuelve B, el *puruṣa* se vuelve el rol y los problemas del rol se vuelven los problemas de la persona. Con una comprensión clara, sin embargo, podemos enfrentar los desafíos sin ser afectados. El desafío es un hecho, mientras que la reacción es un problema. Si actuamos sobre el desafío, entonces estaremos actuando sobre un hecho.

Por consiguiente, podemos identificar dos tipos de problemas: problemas centrados en roles o hechos y problemas centrados en *yo*. Por ejemplo, si hay falta de dinero, de comodidades e instalaciones, puedo actuar sobre ello para eliminar la carencia. Sin embargo, si esta falta de riqueza me pone celoso de alguien que cuenta con todo esto, es otro tipo de problema, un problema centrado en *yo*. Este problema me pone triste y frustrado. En momentos así, las capacidades que tengo, el conocimiento, la acción y la habilidad, no están disponibles por estar dominado por mis celos y demás. Mis reacciones me niegan el poder que tengo a mi disposición para responder a las situaciones difíciles. Al reaccionar, me he negado a mí mismo las facultades con las que cuento que puedan ser adecuadas para enfrentar la situación con éxito.

LA REACCIÓN ES UN EVENTO QUE OCURRE

Una reacción es un evento que ocurre, no es una decisión consciente. No consulta tu conocimiento, estatus, cultura o edad. Es posible que tengas logros en todos estos aspectos de tu vida, pero si no son consultados al momento de responder a una situación, es prácticamente como si no estuvieran allí. La ira, por ejemplo, es una reacción. Por mucho que lo intentes, no puedes enojarte adrede. En el mejor de los casos puedes fingir estar enojado, puedes levantar la voz, mirar de manera severa y demás, pero no serás una persona enojada. Hasta tu hijo puede darse cuenta si estás fingiendo estar enojado. Si estás enojado de verdad, tu hijo se irá bien lejos. La diferencia es evidente, incluso para un niño. Una cosa es ser estricto o severo deliberadamente, ya que sabes lo que estás haciendo y la razón por la que lo haces. Sin embargo, es muy diferente estar realmente enojado, porque no eres consciente de lo que haces. Es como la historia del guru y su discípulo. El guru quería descansar y le pidió a su discípulo que ahuyentara las moscas e insectos. Como suele ocurrir, una mosca zumbó constantemente alrededor de la nariz del guru, a pesar de que el discípulo hizo todos sus esfuerzos para ahuyentarla. El discípulo se enojó tanto que tomó una gran piedra y golpeó a la mosca mientras estaba en la nariz del guru. La mosca murió, ¡pero el guru tampoco volvió a despertar!

Por lo tanto, cuando llega una reacción como la ira, todo tu razonamiento desaparece. Tu sabiduría es relegada a un segundo plano y quien responde es una persona completamente diferente, una persona controlada por la ira o cualquier emoción que haya surgido. Por eso, no es posible estar enfadado, celoso, frustrado, agitado o triste deliberadamente, no importa cuánto te esfuerces. Puedes entender con claridad que las reacciones son mecánicas. Si puedes asegurarte de que estas reacciones no se produzcan, entonces serás capaz de responder a las situaciones. No tendrás ningún problema en el manejo de las situaciones. El problema, sin embargo, es que no eres capaz de manejar tus reacciones, y tu determinación de no reaccionar se rompe invariablemente.

INTERPRETAR ROLES ES KARMA-YOGA

Saber que puruṣa solo interpreta un rol y no es el rol, es en sí mismo un gran alivio. Cuando entiendo que no soy un verdadero esposo y que solo interpreto el rol de un esposo, me libero del problema del rol. Además, una vez que sé que el esposo es un rol, la esposa es un rol, la madre es un rol, todo lo que tengo que hacer es interpretar el rol de acuerdo con el guion. Cuando la *Bhagavad Gītā* habla sobre *svakarma*, se refiere a actuar de acuerdo con el guion. Cada rol tiene un guion y si puedo seguirlo conscientemente, mi vida se vuelve una vida de *karma-yoga*.

Interpretar roles es una forma de participar en la Creación. De acuerdo a la visión del Veda, el Señor es a la vez el Creador y la Creación. Él es tanto la causa material como la inteligente de la Creación. Después de crear todo, el Señor no se va a dormir. Se mantiene activo, dinámico, como lo evidencia la misma creación.

Īśvara, el Señor, en su rol de creador se llama *Brahmā*; en su rol de protector o mantenedor es *Viṣṇu*; en su rol de destructor es *Rudra*. Él interpreta todos estos roles constantemente. A cada momento hay creación, en el sentido de que nacen nuevas cosas. Del mismo modo, a cada momento hay mantenimiento, así como destrucción, ya que hay cosas viejas que son destruidas para dar paso a lo nuevo. Este proceso cíclico sostenido de manera significativa ofrece armonía a la creación. Si observamos el tiempo, por ejemplo, un momento nace, es y se va. ¿Cuál es el tiempo involucrado en esto? ¿Cuál es la distancia entre el nacimiento y el mantenimiento? ¿Entre el mantenimiento y la muerte? Los tres aspectos de Īśvara funcionan simultáneamente, mientras desempeña sus funciones sin esfuerzo.

En la creación, por lo tanto, yo soy la persona que ha nacido en el mundo con un cuerpo individual, mente, sentidos y órganos de acción. Como estoy dotado de todo esto, no estoy destinado a ser un mero observador pasivo del mundo. ¿Por qué fui dotado de extremidades y sentidos? Si estuviera destinado a ser un mero observador, solo tendría una cabeza sin extremidades. Pero este no es el caso. Estoy dotado con el poder de conocer, de tener voluntad y actuar.

Además, en la creación se proporcionan los recursos necesarios para emplear estos poderes. Por lo tanto, estoy destinado a ser un participante activo en el esquema de las cosas. Participar significa interpretar roles. *Puruṣa* solo interpreta los roles sin participar, es *prakṛti* quien participa en la interpretación del rol. *Puruṣa* se vuelve la base de los roles que son interpretados, por lo tanto, permanece intrínsecamente intacto. Los roles no dejan huella sobre él.

Interpretar el rol de acuerdo con el guion dado es lo que se llama *karma-yoga*. Conoces los guiones o aprendes sobre ellos en las escrituras o de los que saben. No hay problemas cuando interpretas roles. En algunos de ellos hay opciones, por lo tanto, si encuentras un rol determinado difícil puedes optar por no interpretarlo o puedes elegir otro de acuerdo a tu preferencia. Tienes que tener cuidado, por supuesto, de que tu elección de roles no afecte a tus otros roles. En la vida a menudo no hay opciones. Has nacido hijo de tus padres, no tienes más remedio. Tu hijo ha nacido de ti y te has vuelto su padre; otra vez no tienes más remedio que ser un padre. Hay muchos roles que debes interpretar sobre los que no tienes opción, o apenas sí opciones limitadas. En realidad, los roles llamados difíciles sacan a relucir tu fuerza, tu talento.

El problema no radica en el rol, sino en que piensas que eres el rol. Ser un esposo o una esposa no es un problema: confundir a la persona con el rol, lo es.

LAS REACCIONES CREAN LA PERSONALIDAD

Si te digo: "No reacciones", no va a funcionar porque, como he dicho antes, una reacción es un evento que ocurre sin que seas consultado. Puedes reaccionar ante este mismo consejo. Una persona vino a verme y me dijo que ya no se enojaba.

—Swamiji, ya no me enojo.

—No lo creo.

—No, Swamiji. Realmente ya no me enojo más.

—No creo que eso sea cierto. Creo que te enojarás cuando se presente la situación requerida.

—No, Swamiji. No me enojaré.

—Estoy seguro de que te vas a enojar.

Puedes imaginar cómo respondió a mi persistente argumento. Alzó la voz y dijo: "¿No oyes lo que digo? Yo no me enojo".

Le dije rápidamente: "Sí, sí, tienes razón".

Me detuve porque no quería que se enfadara. Él estaba muy contenido, pero hasta cierto punto.

Después de eso, mostró signos de estar quebrándose. Es obvio que la mera determinación no es suficiente, debido a que una reacción es un evento que ocurre. No te consulta. Es, por lo tanto, imprevisible.

La razón es que cada persona es una personalidad. El *puruṣa* es un simple ser, puro, hermoso y pleno. Es la personalidad de cada uno la que crea problemas. La personalidad no es más que una recolección de reacciones internas.

Al interpretar diferentes roles, recolectas una serie de reacciones que no tienes permiso para expresar. Observemos una situación en una oficina. Tienes un jefe que se siente libre de hacer y decir lo que quiera. Él te da una orden. No crees que sea correcto, pero no sabes cómo decir no a tu jefe. Puede sentir que le faltas el respeto, porque tiene sus propios problemas psicológicos. Es vulnerable a cualquier sugerencia que signifique que está equivocado. Este es su punto débil; si presionas lo suficiente, está obligado a reaccionar. Hay veces, por supuesto, que se lo dices, porque eres una persona que no puede obedecer una orden que sabes que está mal. En esas ocasiones, el jefe se enoja y te insulta. Tú también te enojas porque tienes tus propios problemas y puntos débiles. El jefe, sin embargo, está en condiciones de dar rienda suelta a su ira, pero tú no. Debes tragar tu ira porque no quieres perder tu trabajo, lo que causaría muchos problemas en tu casa. Por el bien de la paz en tu hogar te tragas tu ira, pero la ira, ¿adónde va? No puede ir a ninguna parte. Queda echando humo dentro de ti y forma parte de la base de tu personalidad.

Si el rol de un empleado es difícil, también lo es el rol de un padre, el de una hija, una madre, etcétera. Cada rol parece estar lleno de problemas. No es que interpretar un rol se haya vuelto más difícil, sino que uno tiene menos comprensión de uno mismo. Es necesario pasar de un rol a otro, pero cada rol deja su marca, entonces cualquier rol se ve influido por los otros roles.

Un hombre tuvo una pelea con su esposa. Él se va de la casa y da un portazo. La forma en que cierra la puerta revela que el esposo todavía está allí. A pesar de que ha dejado a su esposa, hay un vestigio del esposo. Esto sucede porque el esposo no era solo un rol; se ha colado en la persona. Su ira continúa y se revela cuando abre la puerta de su coche, en la forma en que arranca el motor, en que conduce y llega a la oficina. ¡El esposo continúa allí! Así es cómo un rol se superpone a otro, resultando en una acumulación de reacciones que se cristalizan en una personalidad.

De este modo encontramos que todo el mundo es una personalidad formada por vestigios de reacciones como ira, celos, odio, frustración, etcétera. Todos, por lo tanto, son vulnerables. Hay botones en la personalidad, y al momento en que el botón es pulsado, la persona estalla. La esposa conoce las áreas en las que su esposo se enojará. Incluso advierte a los niños que se abstengan de pedir ciertas cosas o de generar determinadas situaciones. Por consiguiente, todo el mundo es una personalidad, predecible e impredecible; ya no se trata de personas. Personas así hacen que sus hogares sean disfuncionales.

LA PERSONA ES LIBRE

CONOCE A LA PERSONA LIBRE DE LA PERSONALIDAD

Para conocer a la persona debes comprender que las reacciones se deben a la confusión entre la persona y el rol. Puedes resolver la confusión familiarizándote con el *puruṣa*, el ser, el *yo* puro que no responde, que no marca las cosas como buenas o malas. Cuando ves la naturaleza, como el azul del cielo, las estrellas, los pájaros o las flores, comentas: "¡Oh, qué hermoso!". En ese momento eres feliz, una persona complacida. Cuando estás ocupado tu mente está atareada o inquieta. Eres incapaz de apreciar la belleza. No tienes libre el tiempo interior para apreciar la belleza. Cuando aprecias la belleza y dices: "¡Oh, qué hermoso es esto", ves la belleza en "esto". Sin embargo, con un entendimiento mayor, te das cuenta de que la belleza que aprecias eres tú mismo, el ser complacido. Es placentero cuando encuentras belleza en un objeto, pero se vuelve una meditación cuando comprendes que la que aprecias es la belleza del ser. Eres tú, el ser complacido eres tú. Si ves esto en cada experiencia agradable, cada una de esas experiencias se vuelve yoga, apreciación de uno mismo.

Hay situaciones que ponen en evidencia esta silenciosa persona apreciativa. La personalidad con cientos de gustos y disgustos y demandas, que normalmente sale a responder al mundo, es silenciada por ciertas situaciones abrumadoras, situaciones que son a la vez profundas, sorprendentes y agradables. Una persona, un evento, una escena, incluso una broma pueden poner en evidencia esta persona apreciativa en ti. Cuando te ves a ti mismo en esa felicidad, disfrute o silencio, hay autoapreciación, autorreconocimiento y autoaceptación. Ahora tienes una oportunidad de familiarizarte contigo mismo. Es la manera de deshacerse de las reacciones, porque se hace evidente que las reacciones no pertenecen a la persona. Nacen de la confusión entre la persona y el rol. Cuando hay este tipo de discernimiento, las reacciones pierden su sistema de apoyo, quedan huérfanas.

LA PERSONALIDAD ES FALSA

Una cosa buena acerca de las reacciones es que son falsas. Debes comprender que la persona es real, porque siempre es el mismo ser, siempre presente, en silencio, completo. La personalidad es falsa, ya que está sujeta a ser alejada. En el sueño profundo o en los momentos de alegría, la personalidad desaparece pero la persona permanece. La persona está completamente allí incluso cuando la personalidad reacciona ante las situaciones. Es el rol el que depende de ti; tú eres independiente del rol. El rol, por lo tanto, no es real ni irreal. Es *mithyā*. Las acciones que nacen de este *mithyā* no son diferentes, también son *mithyā*. Ni las acciones ni las reacciones afectan a la persona. Si la afectan, es debido a la confusión entre la persona y el rol. No has observado en la naturaleza de la persona. Es como una casa abandonada, descuidada durante mucho tiempo. Sin embargo, una vez que observas en el ser para comprender, toda tu vida se vuelve meditación.

Una vez que reconoces que las reacciones son falsas, tendrás resuelta la confusión entre la persona y el rol. Es posible que hayan dejado una huella profunda en tu mente, pero incluso estas impresiones son falsas. Ellas no inciden en el *yo*, no pueden hacerlo. Si afectaran al *yo* no podrías apreciar nada. Cuando aprecias una flor o miras el cielo, ¿dónde están estas impresiones, *saṁskāra*s o *vāsanā*s?

El ser permanece siempre igual, no afectado por las reacciones o impresiones. Nunca ha recolectado nada. Cautiverio, impureza, *rāga*, *dveśa* o *vāsanā*s, nada de esto está en el ser. Todo lo que tienes es una mente con algunos recuerdos. Todo el problema no es más que reacciones construidas que pertenecen a los roles. Por lo tanto, son tan verdaderas como los roles y nada más. Una ola no tiene realidad propia; tiene su ser en el agua. El agua es *satya*, real, y la ola es *mithyā*, falsa. La ola es un rol que el agua toma. El nacimiento y la muerte de una ola o su tamaño son tan verdaderos como la ola, son *mithyā*. Lo que importa es el agua. El agua sigue siendo la misma, independientemente de las olas, que no dejan impresiones en el agua. Del mismo modo, los roles no dejan huella en el ser. Debo interpretar roles, tú debes interpretar roles y todos deben interpretar roles; es mejor que te familiarices con el ser como una persona libre de roles. Esto es meditación.

LA MEDITACIÓN ES UNA CITA CON EL SER

La meditación de la que estoy hablando es la meditación mencionada por el Señor *Kṛṣṇa* en la *Bhagavad Gītā*[4]: "Trae a la mente a ti mismo y no pienses en otra cosa".

En la meditación es importante saber quién medita. En la actualidad hay variedad de tipos de

---

[4] *ātmasaṁsthaṁ manaḥ kṛtvā na kiñcidapi cintayet* (6.25)

meditación. Algunos quieren que mires la punta de tu nariz, otros, entre tus cejas, un punto en tu interior, etcétera. Pero, ¿quién es el que medita? Si te ocupas del meditador, la meditación se ocupará de sí misma. Yo diría que la meditación es una cita contigo mismo, nada más. Puedes decir que se trata de una cita con el Señor, que viene a ser una cita contigo mismo; no hay diferencia. Si se trata de una cita contigo mismo, necesitas estar libre de roles. Debes ser A, mientras que la persona y los roles B, C, D, etc., son diferentes de ti. Normalmente te tomas a ti mismo como los roles, ignorando, siendo inconsciente de la persona A. Por lo tanto, la meditación es solo mantenerse en la enseñanza. Debes saber qué es A, sin ser B, C o D, incluso mientras interpretas los roles de B, C o D.

Por lo general, reaccionas en los roles. Por lo tanto, todos los roles están arraigados en la personalidad que se ha vuelto un reactor humeante. Las reacciones dominan a la persona. Si puedes aprender a ser tú mismo, perdiendo todos los roles, luego esa meditación es la acción suprema. Eres consciente de ti mismo como persona. Es un hecho muy importante porque renuncias al padre arraigado, a la hija arraigada, a la esposa arraigada, a la madre arraigada, etcétera. Luego, los tres poderes, el poder de conocer, de desear y de actuar, están a tu disposición. Por lo tanto, la meditación es muy necesaria como actividad programada.

MEDITACIÓN

Siéntate en una postura relajada.
Cierra tus ojos y simplemente sé tú mismo.

Sé tú mismo, libre de roles.
Visualiza el cielo azul,
montañas, árboles, arroyos.

¿Deseas que el cielo sea diferente en algún modo?
No.
Cuando aprecias
el cielo azul
eres una persona que no exige.

Mírate a ti mismo,
cuán apreciativo eres.
Complacido con el ser,
esa es la persona que eres.
Consciente.

Piensa en las estrellas.
Deja que el cielo se tachone de estrellas.

Otra vez mírate a ti mismo.
> Piensa en las montañas,
> un grupo de nubes,
> el sol naciente,
> el sol poniente,
> el océano.

Visualiza árboles,
> flores,
> flores completamente abiertas en los arbustos.

Observa los pájaros,
> los libres volando en el cielo.
> Simplemente visualízalos mentalmente.

Ahora, mírate a ti mismo.
¿Cómo estás?
> Eres una persona simple,
> complacida,
> consciente.

Eres tú mismo,
> no exigente,
> sin atracciones ni aversiones.

Siendo tú mismo,
        estás familiarizado
        con esa persona que no exige.

Ahora, visualiza situaciones
que generalmente provocan reacciones en ti.

Cuando visualizaste las estrellas, el cielo, los árboles,
        no causaron
        ninguna reacción en ti.

Ahora, visualiza las situaciones
ante las que normalmente reaccionas.

Supón que hay una persona
que te ha lastimado profundamente.

        O crees que el destino
        te ha robado algo,
        o privado de algo,
        o la muerte se ha llevado
        a alguien de ti.

Observa esas situaciones
ante las que reaccionaste
con tristeza, ira y demás.

La meditación es observar estas situaciones
con la misma persona
        que se relacionó con el cielo,
        que apreció las estrellas,
        el cielo,
        las montañas,
        los ríos.
        La persona que aprecia
        y no exige.

Trata de llevar a esa persona
        a relacionarse con estas situaciones
        que normalmente provocan reacciones
        en ti.

Observa las situaciones,
no importa
cuán serias o graves
puedan ser.

Si una situación requiere
una respuesta tuya,
        si la situación necesita un cambio,
        haz lo que haya que hacer.

Provoca el cambio
      si hace a la situación
      fácil o más cómoda para ti.

No se requiere una reacción,
sino acción.

En meditación
te ves a ti mismo
      en una situación
      que deseas,
      deseas
      que algo suceda.

Te ves a ti mismo
      en una situación
      que te disgusta,
      de la que deseas deshacerte.

Con referencia a cualquiera de estas situaciones
te ves a ti mismo
como la persona complacida
que no exige.

Todas esas reacciones residuales arraigadas
    desaparecen
    porque son falsas.

    Las reacciones no tienen estatus propio.
    Si tienes algunos deseos,
    déjalos que sean.

    Si ahí está el subconsciente,
    el inconsciente,
    déjalos que sean.

Tú eres solo la persona sencilla
que es libre,
    intrínsecamente libre de toda aflicción.
    Eso eres.

    No debes hacer nada
    para ser tú.
    El fuego no hace nada
    para ser caliente.

    No haces nada
    para ser tú mismo.
    Solo eres un simple
    ser consciente.

Esta conciencia de ti mismo
en cada situación
acaba con la pila
de reacciones
que hacen a la personalidad.

Solo eres una persona.

Una persona siempre es una persona
que tiene citas que cumplir,
roles que interpretar,
guiones que seguir.

Es muy simple,
y esto es acción.

La personalidad
es creada por reacciones,
mientras que la persona
siempre actúa.

Om Tat Sat.

Libros por Swami Dayananda Saraswati
en español

1. Todo sobre *sādhana*

2. El valor de los valores

3. *Tattvabodhaḥ* El conocimiento de la realidad

Colección "Momentos con uno mismo"

4. Acción y reacción

Libros por Swami Dayananda Saraswati en español
Distribuidos en América Latina, España y
globalmente por

Fundación Arsha Vidya - Buenos Aires, Argentina

Tel: (005411) 4826-5767

Email: fundacionarshavidya@gmail.com

Sitio web: www.arshavidya.org.ar

También disponibles en:

<table>
<tr><td>

ARGENTINA
Librería Devas
Corrientes 1752 C.A.B.A.
Tel: 5237-0916/17

Sabores y secretos de la India
Ciudad de la Paz 1739 C.A.B.A.
Tel: 4783-3424

Librería Prashanti
Jorge Luis Borges 1844 C.A.B.A.
Tel: 4831-8045

</td><td>

EN EL EXTERIOR
ARSHA VIDYA GURUKULAM
P.O.Box 1059.
Saylorsburg
PA 18353, USA
Tel: 001-570-992-2339
http://books.arshavidya.org
Cliquee en "Arsha Vidya Books"
En "Keyword Search" ponga el
título del libro.
Envíe preguntas a Prasanna:
avpbooks@epix.net

</td></tr>
</table>

Stotra Series :

13. Dipārādhanā

14. Prayer Guide

    (With explanations of several Mantras, Stotras, Kirtans and Religious Festivals)

Moments with Oneself Series :

15. Freedom from Helplessness

16. Living versus Getting On

17. Insights

18. Action and Reaction

19. Fundamental Problem

20. Problem is You, Solution is You

21. Purpose of Prayer

22. Vedanta 24x7

23. Freedom

24. Crisis Management

25. Surrender and Freedom

26. The Need for Personal Reorganisation

27. Freedom in Relationship

28. Stress-free Living

29. Om Namo Bhagavate Vāsudevāya

30. Yoga of Objectivity

31. Īśvara in One's Life

Bhagavad Gītā

32. Bhagavad Gītā Home Study Course
   (Hardbound - 9 Volumes)

Meditation Series :

33. Morning Meditation Prayers
34. What is Meditation?

Essays :

35. Do all Religions have the same goal?
36 Conversion is Violence
37. Gurupūrṇimā
38. Dānam
39. Japa
40. Can We?
41. Moments with Krishna
42. Teaching Tradition of Advaita Vedanta
43. Compositions of Swami Dayananda
   Saraswati

Exploring Vedanta Series : (*vākyavicāra*)

44. śraddhā bhakti dhyāna yogād avaihi
   ātmānaṁ ced vijānīyāt